dtv

Nationalismus ist nicht mit Patriotismus gleichzusetzen, so George Orwell in diesem streitbaren Essay. Doch was kennzeichnet nationalistisches Denken? Unter anderem der besessene Glaube an die eigene Überlegenheit und der Unwille, sein Handeln an realen Fakten auszurichten. Geschrieben 1945 und noch nie auf Deutsch erschienen, ist ›Über Nationalismus‹ eine höchst aktuelle Lektüre.

George Orwell (eigentlich Eric Arthur Blair, 1903–1950) wurde in Indien als Sohn eines Britischen Kolonialbeamten geboren. Nach Studienjahren in Eton und Wellington trat er 1922 in den burmesischen Polizeidienst ein. 1927 zog er zurück nach England und arbeitete dort sowie in Paris als Journalist, Tellerwäscher und Lehrer. Seine Romane ›Farm der Tiere‹ und ›1984‹ sind Klassiker der Weltliteratur.

Armin Nassehi, geboren 1960, ist Inhaber des Lehrstuhls für Allgemeine Soziologie und Gesellschaftstheorie an der Ludwig-Maximilians-Universität München und seit 2012 Herausgeber der Kulturzeitschrift *Kursbuch.* 2019 erschien von ihm ›Muster. Theorie der digitalen Gesellschaft‹.

Andreas Wirthensohn, geboren 1967, lebt als Übersetzer, Lektor, Literaturkritiker und Hörfunkautor in München. Er hat u. a. Werke von Michael Hardt/Antonio Negri, Eva Illouz, Neil MacGregor, Timothy Snyder und Yuval Harari ins Deutsche übertragen.

GEORGE ORWELL

ÜBER NATIONALISMUS

Aus dem Englischen
von Andreas Wirthensohn

Mit einem Nachwort
von Armin Nassehi

dtv

Über Nationalismus

Einmal verwendet Byron das französische Wort *lon-geur* und bemerkt beiläufig, wir in England hätten zwar nicht das *Wort,* dafür aber die *Sache* in beträchtlicher Fülle. Ähnlich gibt es eine Geisteshaltung, die heute so verbreitet ist, dass sie unser Nachdenken über so gut wie jeden Gegenstand beeinflusst, jedoch noch keinen Namen hat. Als nächstmögliche Entsprechung habe ich mich für die Bezeichnung »Nationalismus« entschieden, aber wir werden gleich sehen, dass ich dieses Wort nicht im üblichen Sinne verwende, wenn auch nur deshalb, weil die Emotion, über die ich spreche, sich nicht immer mit dem verbindet, was man Nation nennt – das heißt, einem einzigen Volk oder einer bestimmten geografischen Region. Sie kann sich an einer Kirche oder einer Klasse festmachen oder in einem rein negativen Sinne funktionieren, gegen irgendetwas und ohne Bedürfnis nach einem positiven Gegenstand der Loyalität.

Mit »Nationalismus« meine ich zunächst einmal die verbreitete Annahme, dass sich Menschen wie Insekten klassifizieren lassen und ganze Gruppen von Millionen oder Abermillionen Menschen mit dem Etikett »gut« oder »böse« belegt werden können.[1] Zweitens aber – und das ist deutlich wichtiger – meine ich damit die Angewohnheit, sich mit einer einzigen Nation oder einer anderen Einheit zu identifizieren, diese jenseits von Gut und Böse zu verorten und keine andere Pflicht anzuerkennen als die, deren Interessen zu befördern. Nationalismus ist nicht zu verwechseln mit Patriotismus. Beide Wörter werden in der Regel so vage verwendet, dass jede Definition leicht kritisiert werden kann, aber man muss zwischen beidem unterscheiden, da sich dahinter zwei verschiedene, ja sogar gegensätzliche Vorstellungen verbergen. Mit »Patriotismus« meine ich die Verbundenheit mit einem bestimmten Ort und einer bestimmten Lebensweise, die man für die beste auf der Welt hält, aber anderen Menschen nicht aufzwingen möchte. Patriotismus ist von Natur aus defensiv, militärisch wie kulturell. Der Nationalismus hingegen ist untrennbar mit dem Streben nach Macht verbunden. Das dauerhafte Ziel jedes Nationalisten besteht darin, immer mehr Macht und immer mehr Prestige anzuhäufen, *nicht* für sich selbst, sondern für die Nation oder eine andere Einheit, der er seine Individualität geopfert hat.

Sofern es um die bekannteren und deutlich erkennbaren nationalistischen Bewegungen in Deutschland, Japan und anderen Ländern geht, ist all das vollkommen evident. Angesichts eines Phänomens wie dem Nationalsozialismus, den wir von außen beobachten können, würden fast alle von uns über kurz oder lang zu ähnlichen Schlüssen kommen. Trotzdem muss ich an dieser Stelle wiederholen, was ich oben bereits gesagt habe, nämlich dass ich das Wort »Nationalismus« nur mangels eines besseren Begriffs gebrauche. Der Nationalismus im erweiterten Sinne, wie ich ihn verwende, umfasst Bewegungen und Neigungen wie den Kommunismus, den politischen Katholizismus, den Zionismus, den Antisemitismus, den Trotzkismus und den Pazifismus. Er meint nicht notwendigerweise die

Loyalität gegenüber einer Regierung oder einem Land, schon gar nicht gegenüber dem *eigenen* Land; die Einheiten, mit denen er zu tun hat, müssen nicht einmal wirklich existieren. Um ein paar auf der Hand liegende Beispiele zu nennen: Das Judentum, der Islam, das Christentum, das Proletariat und die weiße Rasse sind allesamt Gegenstand leidenschaftlicher nationalistischer Empfindungen, doch die Existenz dieser Einheiten lässt sich begründet in Frage stellen, und für keine von ihnen gibt es eine universell anerkannte Definition.

Es sei überdies noch einmal betont, dass nationalistische Empfindungen rein negativ sein können. So gibt es beispielsweise Trotzkisten, die schlicht zu Gegnern der UdSSR geworden sind, ohne eine entsprechende Loyalität gegenüber einer anderen Einheit zu entwickeln. Begreift man, welche Implikationen das hat, so wird das Wesen dessen, was ich als Nationalismus bezeichne, ein ganzes Stück klarer. Ein Nationalist ist jemand, der einzig und allein – oder überwiegend – in Kategorien konkurrierenden Prestiges denkt. Er mag positiver oder negativer Nationalist sein – das heißt, er kann seine geistige Energie entweder in Beförderung oder Verunglimpfung stecken –, doch sein Denken kreist stets um Siege und Niederlagen, Triumphe und Demütigungen. Geschichte, insbesondere die zeitgenössische Geschichte, betrachtet er als unablässigen Aufstieg und Niedergang großer Machteinheiten, und jedes Ereignis, das sich zuträgt, erscheint ihm als Beweis dafür, dass seine eigene Seite auf dem aufsteigenden Ast und irgendein verhasster Rivale auf dem Weg nach unten ist. Wir dürfen Nationalismus freilich nicht mit einer reinen Erfolgsverehrung verwechseln. Der Nationalist verfährt nicht nach dem Prinzip, sich schlicht auf die Seite des Stärkeren zu schlagen. Im Gegenteil, nachdem er sich für eine Seite entschieden hat, redet er sich ein, diese sei *tatsächlich* die stärkere, und er kann an dieser Überzeugung sogar dann festhalten, wenn die Fakten ihr auf überwältigende Weise widersprechen. Nationalismus ist Machthunger gedämpft durch Selbsttäuschung. Jeder Nationalist ist zur eklatantesten Schandtat imstande, aber er ist sich auch – im Bewusstsein, einer Sache zu dienen, die größer ist als er selbst – unerschütterlich sicher, im Recht zu sein.

Nach dieser ausführlichen Definition dürfte feststehen, dass die Geisteshaltung, von der ich spreche, in der englischen Intelligenzia weit verbreitet und dort auf jeden Fall verbreiteter ist als bei der breiten Masse der Bevölkerung. Bei denen, die sich intensiv mit aktueller Politik beschäftigen, sind bestimmte Themen inzwischen so sehr von Prestigeerwägungen durchdrungen, dass ein wirklich rationaler Zugang zu diesen Fragen beinahe unmöglich ist. Es ließen sich Hunderte Beispiele dafür nennen, aber ich will nur dieses eine nehmen: Welcher der drei Alliierten, die UdSSR, Großbritannien oder die USA, hat den größten Beitrag zum Sieg über Deutschland geleistet? Theoretisch sollte es möglich sein, eine begründete und vielleicht sogar abschließende Antwort auf diese Frage zu geben. In der Praxis jedoch lassen sich die erforderlichen Berechnungen nicht anstellen, denn jeder, der sich den Kopf über eine solche Frage zerbricht, würde sie unausweichlich in Bezug auf konkurrierendes Prestige betrachten. Er würde sich deshalb *zunächst* je nachdem für Russland, Großbritannien oder Amerika entscheiden und erst *dann* nach Argumenten suchen, die die eigene Sicht der Dinge untermauern. Und es gibt reihenweise ähnliche Fragen, auf die man eine ehrliche Antwort nur von jemandem bekommt, der der Sache, um die es geht, gleichgültig gegenübersteht und dessen Meinung ohnehin vermutlich irrelevant ist. Daher rührt zumindest teilweise das bemerkenswerte Versagen der politischen und militärischen Prognosen unserer Zeit. Es ist schon seltsam, wenn man daran denkt, dass von all den »Experten« sämtlicher Schulen kein einziger in der Lage war, ein Ereignis wie den russisch-deutschen Pakt von 1939 vorherzusehen.[2] Und als sich die Nachricht von diesem Pakt verbreitete, gab es die unterschiedlichsten Erklärungen für sein Zustandekommen, und man stellte Prophezeiungen an, die sich fast umgehend als falsch erwiesen, weil sie in fast allen Fällen nicht auf einer Analyse der wahrscheinlichen Tatsachen beruhten, sondern auf dem Wunsch, die UdSSR gut oder schlecht, stark oder schwach erscheinen zu lassen. Politische oder militärische Beobachter können wie Astrologen fast jeden Missgriff überleben, weil ihre devoten Anhänger keine Einschätzung der Fakten, sondern die Stimulation nationalistischer Loyalitäten von ihnen erwarten.[3] Und ästhetische, insbesondere literarische, Urteile sind oft auf die gleiche

Weise korrumpiert wie politische Beurteilungen. Für einen indischen Nationalisten wäre es schwierig, Kipling zu lesen, ein Konservativer dürfte Mühe haben, Wertschätzung für Majakowski aufzubringen, und es gibt stets die Versuchung zu behaupten, ein Buch, mit dessen Tendenz man nicht übereinstimmt, müsse in *literarischer* Hinsicht ein schlechtes Buch sein. Menschen mit ausgeprägt nationalistischer Weltsicht verwenden derartige Argumentationen oftmals sehr geschickt, ohne sich eines unanständigen Verhaltens bewusst zu sein.

Betrachtet man schlicht die Zahl der betreffenden Menschen, so ist die dominante Form von Nationalismus in England wahrscheinlich der gute alte britische Jingoismus. Er ist ohne Zweifel noch immer weit verbreitet, jedenfalls deutlich stärker, als die meisten Beobachter noch vor einem Dutzend Jahren gedacht hätten. In diesem Essay geht es mir jedoch in erster Linie um die Reaktionen der Intelligenzia, bei der Chauvinismus und selbst der Patriotismus alten Typs so gut wie tot sind, auch wenn beide heute bei einer Minderheit offenbar wieder aufleben. Die bei der Intelligenzia vorherrschende Form von Nationalismus ist selbstverständlich der Kommunismus – wobei ich dieses Wort in einem sehr lockeren Sinne verwende, sodass es nicht nur Mitglieder der Kommunistischen Partei, sondern auch »Mitläufer« und allgemein alle Russlandfreunde umfasst. Für meine Zwecke ist ein Kommunist jemand, der die UdSSR als sein Vaterland betrachtet und das Gefühl hat, es sei seine Pflicht, die russische Politik zu rechtfertigen und russischen Interessen zu dienen, koste es, was es wolle. Solche Leute gibt es heute in England offenkundig in Hülle und Fülle, und ihr direkter und indirekter Einfluss ist sehr groß. Aber auch viele andere Formen von Nationalismus gedeihen prächtig, und am besten bekommt man die Sache in den Blick, wenn man sich die Ähnlichkeiten zwischen verschiedenen und sogar scheinbar entgegengesetzten Denkrichtungen bewusst macht.

Vor zehn oder zwanzig Jahren war die Form von Nationalismus, die dem heutigen Kommunismus am ehesten entsprach, der politische Katholizismus. Sein bekanntester Exponent – wobei er eher ein Extremfall und kein typischer Vertreter war – war Gilbert Keith Chesterton. Er war ein Schriftsteller von beachtlicher Begabung, der sich dazu entschloss, seine Empfindsamkeiten und seine intellektuelle Aufrichtigkeit beiseitezuschieben und sich ganz der römisch-katholischen Propaganda zu verschreiben. In den letzten gut zwei Jahrzehnten seines Lebens war sein gesamter Ausstoß in Wirklichkeit eine endlose Wiederholung der immer gleichen Sache, in ihrer bemühten Klugheit genauso schlicht und langweilig wie »Groß ist die Diana der Epheser«. Jedes Buch, das er schrieb, jeder Absatz, jeder Satz, jedes Geschehnis in jeder Geschichte, jeder Dialogfetzen musste unzweifelhaft die Überlegenheit des Katholiken gegenüber dem Protestanten oder Heiden demonstrieren. Doch Chesterton begnügte sich nicht damit, diese Überlegenheit nur intellektuell oder spirituell zu denken: Sie musste in Kategorien nationalen Prestiges und militärischer Macht übersetzt werden, was eine ignorante Idealisierung lateinischer Länder, insbesondere Frankreichs, zur Folge hatte. Chesterton hatte nicht besonders lange in Frankreich gelebt, und sein Bild des Landes – als Land katholischer Bauern, die unablässig bei einem Glas Rotwein die Marseillaise singen – hatte mit der Wirklichkeit in etwa so viel zu tun wie das Filmmusical *Chu Chin Chow* mit dem Alltagsleben in Bagdad. Damit einher ging nicht nur eine enorme Überschätzung der französischen Militärmacht (sowohl vor als auch nach 1914–1918 behauptete er, Frankreich sei allein stärker als Deutschland), sondern auch eine törichte und vulgäre Glorifizierung des tatsächlichen Kriegsverlaufs. Chestertons Schlachtgedichte wie »Lepanto« oder »The Ballad of Saint Barbara« lassen »The Charge of the Light Brigade« wie eine pazifistische Abhandlung erscheinen. Es handelt sich womöglich um die geschmacklosesten Schwulstbrocken, die sich in unserer Sprache finden. Das Interessante daran ist: Wäre der romantische Unsinn, den er in schöner Regelmäßigkeit über Frankreich und die französische Armee von sich gab, von jemand anderem über Großbritannien und die britische Armee geschrieben worden, hätte er sich selbst als Erster darüber lustig gemacht. Was die Innenpolitik anging, so war er ein Little Englander, ein wahrer Verächter von Chauvinismus und Imperialismus und nach eigener Einschätzung ein echter Freund der Demokratie. Doch wenn er auf die internationale Politik blickte, konnte er seine Prinzipien aufgeben, ohne dass er das selbst überhaupt bemerkte. Und so hinderte ihn sein fast schon mystischer Glaube an die Vorzüge der Demokratie nicht daran, Mussolini zu bewundern. Mussolini hatte die repräsentative Regierung und die Pressefreiheit, für die Chesterton sich zu Hause so vehement eingesetzt hatte, abgeschafft, aber Mussolini war eben Italiener und hatte Italien stark gemacht, und damit war die Sache erledigt. Ebenso wenig verlor Chesterton jemals auch nur ein Wort über den Imperialismus und die Eroberung farbiger Völker, wenn diese Dinge von Italienern oder Franzosen praktiziert wurden. Sein Realitätssinn, sein Literaturgeschmack und in gewissem Maße sogar sein moralisches Empfinden wurden außer Kraft gesetzt, sobald seine nationalistischen Loyalitäten mit im Spiel waren.

Offenkundig gibt es beträchtliche Ähnlichkeiten zwischen dem politischen Katholizismus, für den beispielhaft Chesterton steht, und dem Kommunismus. Gleiches gilt, wenn man einen dieser beiden nimmt und zum Beispiel den schottischen Nationalismus, den Zionismus, den Antisemitismus oder den Trotzkismus dagegenhält. Es würde die Sache allzu sehr vereinfachen, würde man behaupten, dass alle Formen von Nationalismus gleich sind, und sei es nur im Hinblick auf ihr geistiges Klima, aber es gibt bestimmte Grundsätze, die in allen Fällen gelten. Die Hauptmerkmale nationalistischen Denkens sind folgende:

Obsession. Ein Nationalist grübelt, redet oder schreibt so gut wie nie über etwas anderes als die Überlegenheit

15

seiner eigenen Machteinheit. Für einen Nationalisten ist es schwer, wenn nicht sogar unmöglich, sein Zugehörigkeitsgefühl zu verbergen. Die geringste Beleidigung der eigenen Einheit oder jedes implizite Lob einer konkurrierenden Organisation erfüllt ihn mit Unbehagen, das er nur durch eine scharfe Erwiderung lindern kann. Handelt es sich bei der gewählten Einheit um ein tatsächliches Land wie Irland oder Indien, wird er im Allgemeinen nicht nur hinsichtlich der militärischen Macht und politischen Tugend für dieses Land Überlegenheit beanspruchen, sondern auch in Bezug auf Kunst, Literatur, Sport, Sprachstruktur, physische Schönheit seiner Bewohner und vielleicht gar auf Klima, Landschaft und Küche. Er wird eine enorme Sensibilität etwa für das korrekte Hissen der Flagge, die relative Größe von Schlagzeilen und die Reihenfolge, in der verschiedene Länder genannt werden, an den Tag legen.[4] Eine besonders wichtige Rolle im nationalistischen Denken spielt die Nomenklatur. Länder, die ihre Unabhängigkeit erlangt oder eine nationalistische Revolution erlebt haben, ändern üblicherweise ihren Namen, und jedes Land oder jede andere Einheit, die mit starken Emotionen verbunden ist, besitzt wahrscheinlich mehrere Namen mit jeweils verschiedenen Implikationen. Die beiden Seiten im Spanischen Bürgerkrieg hatten untereinander neun oder zehn Namen, die unterschiedliche Grade der Liebe und des Hasses zum Ausdruck brachten. Einige dieser Ausdrücke (etwa »Patrioten« für Franco-Unterstützer oder »Loyalisten« für Regierungsanhänger) waren ganz offensichtlich fragwürdig, und es gab keinen einzigen, auf dessen Verwendung sich die beiden Streitparteien hätten verständigen können. Alle Nationalisten betrachten es als ihre Pflicht, die eigene Sprache zum Nachteil anderer Sprachen zu verbreiten, und unter Englischsprachigen taucht dieser Kampf in subtilerer Form als Auseinandersetzung zwischen den Dialekten auf. Anglophobe Amerikaner werden sich weigern, eine umgangssprachliche Wendung zu gebrauchen, wenn sie wissen, dass sie aus Großbritannien stammt, und auch hinter dem Konflikt zwischen Latinisatoren und Germanisatoren stehen häufig nationalistische Motive. Schottische Nationalisten beharren auf der Überlegenheit des Lowland Scots, und Sozialisten, deren Nationalismus die Form des Klassenhasses annimmt, reiten wütende Tiraden gegen den BBC-Dialekt und sogar gegen das breite A. Es ließen sich noch viele weitere Beispiele nennen. Nationalistisches Denken vermittelt oft den Eindruck, als wäre es vom Glauben an einen Analogiezauber durchdrungen – einem Glauben, der sich vermutlich in der weit verbreiteten Gewohnheit zeigt, Puppen politischer Gegner zu verbrennen oder in Schießbuden Bilder von ihnen als Zielscheiben aufzuhängen.

Instabilität. Die Intensität, mit der nationalistische Loyalitäten vertreten werden, verhindert nicht, dass sie sich übertragen lassen. Zunächst einmal können sie an einem beliebigen fremden Land festgemacht werden. Es ist ganz normal, dass bedeutende nationale Führer oder die Begründer nationalistischer Bewegungen dem Land, das sie glorifizieren, gar nicht angehören. Mitunter sind sie echte Ausländer, häufiger aber stammen sie aus Regionen an der Peripherie, wo die Nationalität eine unsichere Sache ist. Beispiele dafür sind Stalin, Hitler, Napoleon, de Valera, Disraeli, Poincaré oder Beaverbrook. Die pangermanische Bewegung war teilweise das Geschöpf eines Engländers, nämlich von Houston Chamberlain. In den letzten fünfzig oder hundert Jahren war der übertragene Nationalismus vor allem bei literarischen Intellektuellen ein gängiges Phänomen. Bei Lafcadio Hearne betraf die Übertragung Japan, bei Carlyle und vielen seiner Zeitgenossen galt sie Deutschland, und in unserer Zeit richtet sie sich üblicherweise auf Russland. Besonders interessant ist allerdings die Tatsache, dass auch eine *Rück*übertragung möglich ist. Ein Land oder eine andere Einheit, die jahrelang verehrt wurde, werden plötzlich verabscheuungswürdig, und irgendein anderes Objekt der Zuneigung tritt fast übergangslos an ihre Stelle. In der ersten Fassung von H. G. Wells' ›Outline of History‹ und in anderen seiner Schriften erfahren die Vereinigten Staaten eine fast so opulente Verehrung, wie sie heute Russland durch Kommunisten zuteilwird; doch innerhalb weniger Jahre war aus dieser unkritischen Bewunderung Feindseligkeit geworden. Dass sich ein bigotter Kommunist binnen Wochen oder sogar Tagen in einen genauso bigotten Trotzkisten verwandelt, erlebt man ständig. Auf dem europäischen Kontinent rekrutierten sich faschistische Bewegungen überwiegend aus Kommunisten – in den nächsten Jahren läuft die Sache möglicherweise in die entgegengesetzte Richtung. Konstant bleibt beim Nationalisten sein eigener Geisteszustand: Das Objekt seiner Gefühle ist austauschbar und kann sogar rein imaginärer Art sein.

Für einen Intellektuellen hat die Übertragung eine wichtige Funktion, die ich im Zusammenhang mit Chesterton bereits erwähnt habe. Sie ermöglicht es ihm, *deutlich nationalistischer* zu sein – vulgärer, törichter, bösartiger, verlogener –, als er das mit Blick auf sein Herkunftsland oder irgendeine Einheit, die er wirklich kennt, je sein könnte. Betrachtet man den unterwürfigen oder prahlerischen Unsinn, der von durchaus intelligenten und feinfühligen Menschen über Stalin, die Rote Armee etc. geschrieben wird, erkennt man, dass derartige Aussagen nur möglich sind, weil eine Art Verlagerung stattgefunden hat. In Gesellschaften wie der unsrigen ist es für jemanden, der sich als Intellektueller bezeichnen lässt, nicht üblich, eine sehr tiefe Bindung an das eigene Land zu empfinden. Die öffentliche Meinung – das heißt, der Teil der öffentlichen Meinung, dessen er sich als Intellektueller bewusst ist – wird ihm das nicht gestatten. Die meisten Menschen um ihn herum sind skeptisch und unzufrieden, und aus Nachahmungseifer oder aus Feigheit übernimmt er womöglich diese Haltung. In diesem Fall wird er sich von der Form von Nationalismus, die am einfachsten zur Hand ist, verabschiedet haben, ohne einer wahrhaft internationalistischen Einstellung wirklich näher gekommen zu sein. Er verspürt nach wie vor das Bedürfnis nach einem Vaterland, und es ist ganz natürlich, irgendwo im Ausland danach zu suchen. Hat er eines gefunden, kann er hemmungslos in genau den Emotionen schwelgen, von denen er sich emanzipiert zu haben glaubt. Gott, der König, das Empire, der Union Jack – all die gestürzten Götzen können unter anderem Namen wiederkehren, und weil sie nicht als solche erkannt werden, lassen sie sich guten Gewissens verehren und anbeten. Der übertragene Nationalismus bietet, ähnlich wie die Suche nach Sündenböcken, die Möglichkeit, Heil zu erlangen, ohne das eigene Verhalten ändern zu müssen.

Gleichgültigkeit gegenüber der Realität. Alle Nationalisten verfügen über die Fähigkeit, Ähnlichkeiten zwischen ähnlichen Tatsachengefügen nicht zu erkennen. Ein britischer Tory wird die Selbstbestimmung in Europa verteidigen und sie in Indien ablehnen, ohne den Widerspruch zu bemerken. Aktionen werden entweder als gut oder als schlecht erachtet, nicht aufgrund ihrer selbst, sondern je nachdem, wer sie ausführt. Es gibt so gut wie keine Untat – Folter, Geiselnahme, Zwangsarbeit, Massendeportation, Inhaftierung ohne Gerichtsverfahren, Fälschung, Mord, die Bombardierung von Zivilisten –, die ihre moralische Färbung nicht ändert, wenn sie von »unserer« Seite begangen wird. So veröffentlichte die liberale Tageszeitung *News Chronicle* als Beispiel für schockierende Barbarei Fotos von Russen, die von Deutschen gehenkt worden waren, und publizierte ein oder zwei Jahre später mit wohliger Zustimmung fast identische Fotos von Deutschen, die von Russen gehenkt worden waren.[5] Gleiches gilt für historische Ereignisse. Geschichte wird überwiegend in nationalistischen Kategorien gedacht, und solche Dinge wie die Inquisition, die Foltermethoden der Star Chamber, die Heldentaten der englischen Seeräuber (etwa von Sir Francis Drake, der mit Vorliebe spanische Gefangene lebend im Meer versenkte), der Terreur, die Helden des Sepoyaufstands, die Hunderte von Indern vor die Kanonen banden und mit einem Schuss zerfetzten, oder Cromwells Soldaten, die irischen Frauen mit Rasierklingen das Gesicht aufschlitzten, werden moralisch neutral oder sogar verdienstvoll, wenn man das Gefühl hat, sie seien für die »richtige« Sache getan worden. Blickt man auf das letzte Vierteljahrhundert zurück, findet man kaum ein Jahr, in dem nicht aus irgendeinem Teil der Welt von Gräueltaten berichtet wurde; und doch wurden diese Geschichten in keinem einzigen Fall – ob in Spanien, Russland, China, Ungarn, Mexiko, Amritsar oder Smyrna – von der gesamten englischen Intelligenzia geglaubt und missbilligt. Ob solche Taten verwerflich waren oder ob sie sich überhaupt zugetragen hatten, wurde stets anhand der jeweiligen politischen Vorlieben entschieden.

Der Nationalist besitzt die bemerkenswerte Fähigkeit, jene Gräueltaten, die von der eigenen Seite begangen wurden, nicht nur nicht zu missbilligen, sondern sie zudem zu überhören. Gut sechs Jahre lang schafften es die englischen Bewunderer Hitlers, nichts von der Existenz von Dachau und Buchenwald zu erfahren. Und diejenigen, die sich am lautesten über die deutschen Konzentrationslager empören, sind sich oft gar nicht oder nur sehr schwach bewusst, dass es auch in Russland Konzentrationslager gibt. Ungeheure Ereignisse wie die Hungersnot in der Ukraine 1933, bei der Millionen Menschen zu Tode kamen, sind doch tatsächlich der Aufmerksamkeit der Mehrheit englischer Russlandfreunde entgangen. Viele Menschen in England haben so gut wie nichts von der Vernichtung deutscher und polnischer Juden während des gegenwärtigen Krieges gehört. Ihr eigener Antisemitismus hat dafür gesorgt, dass dieses ungeheure Verbrechen nicht in ihr Bewusstsein dringt. Im nationalistischen Denken gibt es Fakten, die wahr und falsch, bekannt und unbekannt zugleich sind. Eine bekannte Tatsache kann so unerträglich sein, dass sie gewohnheitsmäßig beiseitegeschoben wird und keinen Eingang in logische Denkprozesse findet, oder sie fließt in jede Überlegung ein, wird allerdings nie als Tatsache anerkannt, nicht einmal im eigenen Kopf.

Jeder Nationalist ist getrieben von der Überzeugung, dass sich die Vergangenheit ändern lässt. Er verbringt einen Teil seiner Zeit in einer Fantasiewelt, in der Dinge so passieren, wie sie geschehen sollten – in der beispielsweise die spanische Armada erfolgreich war oder die Russische Revolution 1918 niedergeschlagen wurde –, und er wird Teile dieser Welt, wenn möglich, in die Geschichtsbücher übertragen. Die propagandistischen Schriften unserer Zeit kommen großteils offenen Fälschungen gleich. Materielle Fakten werden unterdrückt, Daten abgeändert, Zitate aus dem Kontext gerissen und so bearbeitet, dass sich ihr Inhalt verändert. Ereignisse, die, so das Gefühl, nie hätten stattfinden sollen, bleiben unerwähnt und werden letztlich geleugnet.[6] 1917 ließ Tschiang Kai Schek Hunderte Kommunisten bei lebendigem Leib verbrühen, und doch wurde er innerhalb von zehn Jahren zu einem Heroen der Linken. Die Neuordnung der Weltpolitik hatte ihn ins antifaschistische Lager befördert, und so hatte man das Gefühl, das Verbrühen der Kommunisten »zähle nicht« oder sei vielleicht nie geschehen. Das primäre Ziel von Propaganda besteht naturgemäß darin, die zeitgenössische Meinung zu beeinflussen, doch diejenigen, die die Geschichte umschreiben, glauben vermutlich in Teilen ihrer Gedankenwelt, sie würden tatsächlich Fakten in die Vergangenheit verschieben. Schaut man sich die ausgefeilten Fälschungen an, mit denen belegt werden sollte, dass Trotzki im russischen Bürgerkrieg keine bedeutsame Rolle spielte, mag man nur schwer glauben, dass die dafür Verantwortlichen lediglich lügen. Viel eher haben sie wohl das Gefühl, dass es *tatsächlich* ihre eigene Version war, die sich wohlgefällig vor Gott ereignet hat, und dass sie berechtigt sind, die Geschichtsschreibung entsprechend abzuändern.

Befördert wird die Gleichgültigkeit gegenüber objektiver Wahrheit dadurch, dass ein Teil der Welt vom anderen abgeschottet ist, was es immer schwerer macht herauszufinden, was tatsächlich geschieht. Bei den größten Ereignissen können oft echte Zweifel bestehen. So ist es beispielsweise unmöglich, die Zahl der Todesfälle, die durch den gegenwärtigen Krieg verursacht wurden, auf die Million oder auch nur auf die zehn Millionen genau anzugeben. Die Katastrophen, von denen fortwährend berichtet wird – Schlachten, Massaker, Hungersnöte, Revolutionen – vermitteln dem Durchschnittsmenschen tendenziell ein Gefühl der Unwirklichkeit. Man hat keine Möglichkeit, die Fakten zu verifizieren, man ist sich nicht einmal wirklich sicher, ob gewisse Dinge sich tatsächlich zugetragen haben, und man ist stets mit völlig unterschiedlichen Interpretationen aus unterschiedlichen Quellen konfrontiert. Was stimmt an der Berichterstattung zum Warschauer Aufstand vom August 1944 und was nicht? Gab es die deutschen Gaskammern in Polen wirklich? Wer war tatsächlich für die Hungersnot in Bengalen verantwortlich? Die Wahrheit lässt sich vermutlich herausfinden, aber die Tatsachen werden in fast jeder Tageszeitung so verlogen dargestellt, dass der gewöhnliche Leser gar nicht anders kann, als entweder die Lügen zu schlucken oder sich gar keine Meinung zu bilden. Die allgemeine Unsicherheit darüber, was wirklich passiert, macht es leichter, an verrückten Überzeugungen festzuhalten. Da nichts je so richtig bewiesen oder widerlegt wird, lässt sich noch die unmissverständlichste Tatsache schamlos leugnen. Zudem grübelt der Nationalist zwar ständig über Macht, Sieg, Niederlage und Rache nach, doch an dem, was in der wirklichen Welt geschieht, ist er irgendwie nicht so recht interessiert. Er will *das Gefühl haben,* dass seine eigene Einheit die Oberhand über irgendeine andere Einheit gewinnt, und das gelingt ihm umso leichter, wenn er einen Widersacher aussticht, anstatt die Fakten dahingehend zu überprüfen, ob sie ihm Recht geben. Alle nationalistischen Kontroversen bewegen sich auf dem Niveau eines Debattierklubs. Sie bleiben stets völlig ergebnislos, denn jede Streitpartei glaubt ausnahmslos, sie habe den Sieg davongetragen. Einige Nationalisten sind nicht weit von der Schizophrenie entfernt, denn sie leben recht glücklich inmitten ihrer Träume von Macht und Eroberung, die keinerlei Verbindung zur physischen Welt besitzen.

Nachdem ich die Geisteshaltungen, die allen Formen von Nationalismus gemeinsam sind, so gut es ging untersucht habe, will ich diese Formen nun klassifizieren – was sich aus offensichtlichen Gründen nicht umfassend bewerkstelligen lässt. Der Nationalismus ist ein enorm weites Feld. Die Welt wird von unzähligen Täuschungen und Hassgefühlen gepeinigt, die sich auf höchst komplexe Weise überschneiden, und einige der finstersten Varianten haben das europäische Bewusstsein noch nicht einmal erfasst. In diesem Essay geht es mir um den Nationalismus, wie er bei der englischen Intelligenzia zu finden ist. Dort kommt er deutlich stärker als beim gemeinen Engländer unvermengt mit dem Patriotismus vor und lässt sich deshalb in seiner Reinform studieren. Im Folgenden finden sich die Spielarten des Nationalismus, die heute unter englischen Intellektuellen prächtig gedeihen, aufgeführt und, sofern nötig, mit einigen Bemerkungen versehen. Aus praktischen Gründen verwende ich die drei Oberbegriffe »positiv«, »übertragen« und »negativ«, auch wenn einige Varianten in mehr als nur eine Kategorie fallen.

Positiver Nationalismus

1. *Neo-Toryismus.* Beispielhaft dafür stehen Leute wie Lord Elton, A. P. Herbert, G. M. Young, Professor Pickthorn, das Schrifttum des Tory Reform Committee und Zeitschriften wie die *New English Review* und *Nineteenth Century and After.* Die eigentliche Antriebskraft des Neo-Toryismus, die ihm seinen nationalistischen Charakter verleiht und ihn vom gewöhnlichen Konservatismus unterscheidet, ist der Wunsch, nicht anzuerkennen, dass britische Macht und britischer Einfluss geschwunden sind. Selbst diejenigen, die realistisch genug sind, um einzusehen, dass die militärische Stellung Großbritanniens nicht mehr das ist, was sie einmal war, behaupten gern, »englische Ideen« (die in der Regel nicht näher definiert werden) müssten die Welt beherrschen. Alle Neo-Tories sind anti-russisch eingestellt, mitunter liegt der Schwerpunkt auch auf dem Anti-Amerikanismus. Das Bemerkenswerte daran ist, dass diese Denkschule gerade unter jüngeren Intellektuellen, manchmal ehemaligen Kommunisten, um sich greift, die den üblichen Prozess der Desillusio-

nierung durchlaufen haben und davon desillusioniert sind. Der Anglophobe, der plötzlich auf heftige Weise pro-britisch wird, ist eine recht häufig zu findende Gestalt. Zu den Schriftstellern, die diese Tendenz belegen, gehören F. A. Voigt, Malcolm Muggeridge, Evelyn Waugh, Hugh Kingsmill, eine psychologisch ähnliche Entwicklung lässt sich bei T. S. Eliot, Wyndham Lewis und verschiedenen ihrer Anhänger beobachten.

2. *Keltischer Nationalismus.* Zwischen dem walisischen, dem irischen und dem schottischen Nationalismus gibt es durchaus Unterschiede; gemeinsam ist ihnen ihre anti-englische Stoßrichtung. Angehörige aller drei Bewegungen waren gegen den Krieg, während sie sich selbst weiterhin als pro-russisch bezeichneten. Die Verrückten am Rand haben sogar versucht, gleichzeitig pro-russisch und pro-nationalsozialistisch zu sein. Doch keltischer Nationalismus ist nicht das Gleiche wie Anglophobie. Seine treibende Kraft ist der Glaube an die vergangene und zukünftige Größe der keltischen Völker, und er besitzt eine stark rassistische Färbung. Der Kelte, so glaubt man, sei dem Angelsachsen spirituell überlegen – einfacher, kreativer, weniger vulgär, weniger snobistisch usw. –, allerdings befindet der übliche Machthunger sich hier unter der Oberfläche. Ein Symptom dafür ist der Irrglauben, Irland, Schottland oder gar Wales könnten ihre Unabhängigkeit ohne Hilfe bewahren und hätten dem britischen Schutz nichts zu verdanken. Bei den Schriftstellern finden sich gute Beispiele für diese Denk-

schule, etwa bei Hugh MacDiarmid und Sean O'Casey. Kein moderner irischer Schriftsteller, selbst vom Format eines Yeats oder Joyce, ist völlig frei von Spuren des Nationalismus.

3. *Zionismus.* Er besitzt die üblichen Merkmale einer nationalistischen Bewegung, wobei seine amerikanische Spielart gewalttätiger und bösartiger zu sein scheint als die britische. Ich ordne ihn dem direkten und nicht dem übertragenen Nationalismus zu, weil er fast ausschließlich unter den Juden selbst gedeiht. In England ist die Intelligenzia aus verschiedenen, nicht wirklich miteinander vereinbaren Gründen in der Palästina-Frage pro-jüdisch, aber ohne wirkliche Entschiedenheit. Alle Engländer guten Willens sind ebenfalls insofern pro-jüdisch, als sie die Verfolgung durch die Nazis missbilligen. Wirkliche nationalistische Loyalität oder der Glaube an die angeborene Überlegenheit der Juden findet sich bei Nicht-Juden kaum.

Übertragener Nationalismus

1. *Kommunismus.*

2. *Politischer Katholizismus.*

3. *Hautfarbenbewusstsein.* Die althergebrachte verächtliche Haltung gegenüber »Eingeborenen« ist in England deutlich schwächer geworden, und von ver-

schiedenen pseudowissenschaftlichen Theorien, welche die Überlegenheit der weißen Rasse propagieren, hat man sich verabschiedet.[7] Bei der Intelligenzia kommt Hautfarbenbewusstsein nur in der spiegelbildlichen Variante vor, nämlich als Glauben an die angeborene Überlegenheit der farbigen Rassen. Er ist unter englischen Intellektuellen zunehmend zu finden, wobei er vermutlich häufiger aus Masochismus und sexueller Frustration resultiert und weniger aus dem Kontakt mit den nationalistischen Bewegungen des Orients und der Schwarzen. Selbst bei denjenigen, die in der Frage der Hautfarbe keine dezidierte Meinung haben, haben Snobismus und Konformitätsdruck großen Einfluss. So gut wie jeder englische Intellektuelle würde für Empörung sorgen, würde er behaupten, die weißen Rassen seien den farbigen überlegen, wohingegen ihm die gegenteilige Behauptung einwandfrei erschiene, selbst wenn er nicht damit übereinstimmte. Nationalistische Verbundenheit mit den farbigen Rassen vermischt sich gewöhnlich mit der Überzeugung, diese hätten ein überlegenes Sexualleben, und rund um das sexuelle Leistungsvermögen von Schwarzen hat sich eine üppige Untergrundmythologie entwickelt.

4. *Klassenbewusstsein.* Findet sich bei Intellektuellen aus der Ober- und Mittelschicht nur in gespiegelter Form – das heißt als Glaube an die Überlegenheit des Proletariats. Auch in diesem Fall ist der Druck der öffentlichen Meinung innerhalb der Intelligenzia übermächtig. Nationalistische Loyalität gegenüber dem

Proletariat und der heftigste theoretische Hass auf die Bourgeoisie gehen dabei häufig einher mit ganz gewöhnlichem Snobismus im Alltagsleben.

5. *Pazifismus.* Die Mehrheit der Pazifisten gehört entweder obskuren religiösen Sekten an oder es handelt sich schlicht um Menschenfreunde, die nicht wollen, dass jemandem das Leben genommen wird, und die sich weigern, über diesen Punkt hinauszudenken. Es gibt jedoch eine Minderheit intellektueller Pazifisten, deren eigentliches – wenngleich uneingestandenes – Motiv der Hass auf die westliche Demokratie und die Bewunderung des Totalitarismus zu sein scheint. Pazifistische Propaganda läuft normalerweise auf die Aussage hinaus, die eine Seite sei genauso schlimm wie die andere, doch schaut man sich die Schriften jüngerer pazifistischer Intellektueller genauer an, so erkennt man, dass darin keineswegs unparteiische Missbilligung zum Ausdruck kommt, sondern sie sich fast allesamt gegen Großbritannien und die Vereinigten Staaten richten. Zudem verurteilen sie nicht durchweg Gewalt als solche, sondern lediglich Gewalt, die zur Verteidigung westlicher Länder angewandt wird. Den Russen wird, anders als den Briten, nicht vorgehalten, dass sie sich mit kriegerischen Mitteln verteidigen, und sämtliche pazifistische Propaganda dieses Typs vermeidet es sogar, Russland oder China überhaupt zu erwähnen. Ebenso wenig wird gefordert, die Inder sollten der Gewalt in ihrem Kampf gegen die Briten abschwören. In der pazifistischen Literatur wimmelt

es nur so von gleichlautenden Bemerkungen, die, wenn sie überhaupt etwas zu bedeuten haben, offenbar besagen sollen, dass Staatsmänner vom Typ Hitlers denjenigen vom Typ Churchills vorzuziehen sind und dass Gewalt womöglich verzeihlich ist, wenn sie nur gewalttätig genug ist. Nach dem Fall Frankreichs liefen die französischen Pazifisten, vor eine echte Wahl gestellt, die ihre englischen Kollegen nie treffen mussten, zumeist zu den Nazis über, und in England scheint es zwischen der Zugehörigkeit zur Peace Pledge Union und der Mitgliedschaft bei den Blackshirts zumindest ein paar Überlappungen gegeben zu haben. Pazifistische Schriftsteller haben Lobeshymnen auf Carlyle angestimmt, einen der geistigen Väter des Faschismus. Insgesamt kann man sich des Eindrucks nicht erwehren, dass der Pazifismus, wie er sich bei einem Teil der Intelligenzia findet, insgeheim von einer Bewunderung für Macht und erfolgreiche Grausamkeit beseelt ist. Der Fehler bestand darin, dieses Gefühl mit Hitler zu verbinden, aber es ließe sich problemlos rückübertragen.

Negativer Nationalismus

1. *Anglophobie.* Innerhalb der Intelligenzia ist eine spöttische und dezent feindselige Haltung gegenüber Großbritannien mehr oder weniger Pflicht, wobei es sich in vielen Fällen um ein gänzlich unverstelltes Gefühl handelt. Während des Krieges manifestierte sie

sich im Defätismus der Intellektuellen, der selbst dann noch fortwährte, als klar war, dass die Achsenmächte nicht gewinnen konnten. Viele Leute waren unverhohlen erfreut, als Singapur fiel oder die Briten aus Griechenland vertrieben wurden, und es herrschte ein bemerkenswerter Widerwillen, gute Nachrichten für bare Münze zu nehmen, beispielsweise in Bezug auf el-Alamein oder die Zahl der deutschen Flugzeuge, die während der Luftschlacht um England abgeschossen wurden. Natürlich wollten englische Linksintellektuelle nicht wirklich, dass die Deutschen oder die Japaner den Krieg gewannen, aber viele von ihnen zogen einfach einen Kick daraus, wenn sie sahen, wie ihr eigenes Land gedemütigt wurde. Man wollte in dem Gefühl leben, der Sieg werde letztlich Russland oder vielleicht auch den USA, nur eben nicht Großbritannien zufallen. In der Außenpolitik folgen viele Intellektuelle dem Grundsatz, dass jede Partei, die von Großbritannien unterstützt würde, im Unrecht sein müsste. Infolgedessen ist eine »aufgeklärte« Meinung weitgehend ein Spiegelbild konservativer Politik. Anglophobie ist stets anfällig für Wendemanöver, daher das recht gängige Spektakel, dass der Pazifist des einen Krieges im nächsten ein Bellizist ist.

2. *Antisemitismus.* Für ihn gibt es gegenwärtig kaum Belege, denn die Verfolgungen durch die Nazis nötigen jeden denkenden Menschen dazu, Partei für die Juden zu ergreifen. Jeder, der gebildet genug ist, um das Wort »Antisemitismus« schon einmal gehört zu

haben, behauptet natürlich, er sei davon frei, und aus allen Arten von Schrifttum werden sorgfältig jegliche antisemitischen Bemerkungen getilgt. In Wirklichkeit ist der Antisemitismus weit verbreitet, selbst unter Intellektuellen, und das allgemeine Schweigekomplott scheint ihn nur noch zu verschärfen. Menschen mit linken Ansichten sind nicht immun dagegen, und ihre Haltung wird mitunter dadurch beeinflusst, dass Trotzkisten und Anarchisten tendenziell Juden sind. Viel natürlicher aber ist Antisemitismus für Menschen mit konservativen Neigungen, die Juden im Verdacht haben, sie würden die nationale Moral schwächen und die nationale Kultur verwässern. Neo-Tories und politische Katholiken sind stets anfällig dafür, dem Antisemitismus zu erliegen, zumindest zeitweise.

3. *Trotzkismus.* Dieses Wort wird in so lockerem Sinne verwendet, dass es Anarchisten, demokratische Sozialisten und sogar Liberale umfasst. Ich spreche hier von doktrinären Marxisten, deren Hauptmotiv die Feindschaft gegenüber dem Stalin-Regime ist. Der Trotzkismus lässt sich in obskuren Pamphleten oder in Zeitungen wie *Socialist Appeal* besser studieren als in den Werken von Trotzki selbst, der keineswegs ein Mann mit nur einer einzigen Idee war. Zwar ist der Trotzkismus an einigen Orten, beispielsweise in den USA, in der Lage, eine recht große Zahl von Anhängern zu finden und sich zu einer organisierten Bewegung mit einem eigenen kleinen Führer zu entwickeln, doch seine Inspiration ist im Wesentlichen negativer Art.

Der Trotzkist ist *gegen* Stalin, so wie der Kommunist *für* ihn ist, und wie die Mehrheit der Kommunisten wünscht er sich nichts mehr, als die äußere Welt zu verändern und sich so das Gefühl zu verschaffen, dass der Kampf ums Prestige zu seinen Gunsten entschieden wird. Jedenfalls findet sich bei beiden die gleiche obsessive Fixierung auf ein einziges Thema, die gleiche Unfähigkeit, sich eine wirklich rationale Meinung auf der Basis von Wahrscheinlichkeiten zu bilden. Die Tatsache, dass Trotzkisten überall eine verfolgte Minderheit sind und dass der Vorwurf, der ihnen üblicherweise gemacht wird – zum Beispiel mit den Faschisten zu kollaborieren –, absolut falsch ist, erzeugt den Eindruck, als wäre der Trotzkismus dem Kommunismus intellektuell und moralisch überlegen; es ist allerdings zweifelhaft, ob die Unterschiede wirklich so groß sind. Die typischsten Trotzkisten sind jedenfalls ehemalige Kommunisten, und zum Trotzkismus gelangt man nur über eine der linken Bewegungen. Kein Kommunist ist vor einem plötzlichen Abgleiten in den Trotzkismus gefeit, es sei denn, er ist durch jahrelange Gewohnheit fest an seine Partei gebunden. Der umgekehrte Prozess kommt offenbar nicht gleichermaßen häufig vor, auch wenn es keinen ersichtlichen Grund dafür gibt.

Die Klassifikation, an der ich mich hier versucht habe, dürfte den Eindruck erwecken, als hätte ich des Öfteren übertrieben, allzu sehr vereinfacht, unbelegte Behauptungen aufgestellt und das Vorhandensein ganz gewöhnlicher ehrenwerter Motive außer Acht gelassen. Das aber war unvermeidlich, denn in diesem Essay versuche ich, Tendenzen abzugrenzen und herauszuarbeiten, die in unseren Köpfen existieren und unser Denken pervertieren, ohne dass sie zwangsläufig in Reinform auftreten oder fortwährend am Werk sind. An dieser Stelle möchte ich unbedingt das allzu vereinfachte Bild korrigieren, das ich zeichnen musste. Erstens dürfen wir nicht annehmen, dass *jeder* oder auch nur jeder Intellektuelle vom Nationalismus infiziert ist. Zweitens kann der Nationalismus ein zeitweiliges und begrenztes Phänomen sein. Ein intelligenter Mensch kann einer Überzeugung halb erliegen, die ihm attraktiv erscheint, von der er aber weiß, dass sie absurd ist, und er kann sie lange Zeit aus seinem Kopf fernhalten und nur in Momenten des Zorns oder der Sentimentalität dorthin zurückkehren, oder wenn er sicher ist, dass es dabei nicht um wichtige Fragen geht. Drittens kann man eine nationalistische Überzeugung guten Glaubens aus nicht-nationalistischen Motiven übernehmen. Viertens können mehrere Arten von Nationalismus, sogar solche, die sich gegenseitig ausschließen, in ein und derselben Person koexistieren.

Nun habe ich die ganze Zeit davon gesprochen, der Nationalist tue dieses oder jenes, und zu Illustrationszwecken den extremen, nicht wirklich vernünftigen Typ des Nationalisten beschrieben, der in seinem Kopf keine neutralen Bereiche kennt und sich einzig für den Kampf um die Macht interessiert. Tatsächlich sind solche Leute gang und gäbe, aber sie sind keinen Schuss Pulver wert. Im wirklichen Leben müssen Lord Elton,

D. N. Pritt, Lady Houston, Ezra Pound, Lord Vansittart, Father Coughlin und der gesamte Rest ihrer widerwärtigen Sippschaft bekämpft werden, aber auf ihre intellektuellen Defizite muss man nicht näher eingehen. Monomanie ist nicht interessant, und die Tatsache, dass kein Nationalist der bigotteren Art ein Buch verfassen kann, das auch nach ein paar Jahren noch lesenswert ist, hat einen gewissen desodorierenden Effekt. Doch selbst wenn man einräumt, dass der Nationalismus nicht überall triumphiert hat, dass es noch immer Menschen gibt, deren Urteile nicht von ihren Wünschen bestimmt werden, bleibt die Tatsache bestehen, dass die drängenden Probleme – Indien, Polen, Palästina, der Spanische Bürgerkrieg, die Moskauer Prozesse, die amerikanischen Schwarzen, der russisch-deutsche Pakt oder was auch immer – nicht auf einer vernünftigen Ebene diskutiert werden können oder zumindest niemals diskutiert werden. Die Eltons und Pritts und Coughlins, die jeder für sich über ein riesiges Mundwerk verfügen und damit immer und immer wieder die gleiche Lüge in die Welt brüllen, sind offenkundig Extremfälle – wir erliegen jedoch einer Selbsttäuschung, wenn wir nicht erkennen, dass wir alle ihnen in unbedachten Momenten ähneln. Es muss nur ein bestimmter Ton getroffen oder an einen sensiblen Punkt gerührt werden – einen Punkt vielleicht sogar, von dessen Existenz man selbst bislang nichts wusste –, und die unvoreingenommenste und sanftmütigste Person verwandelt sich mit einem Mal in einen brutalen Parteigänger, der unbedingt gegenüber seinem Widersacher »punkten« will und dem es egal ist, wie viele Lügen er erzählt und wie vielen logischen Irrtümern er dabei aufsitzt. Als Lloyd George, ein Gegner des Burenkriegs, im Unterhaus erklärte, wenn man die britischen Kommuniqués zusammenzähle, dann müssten ihnen zufolge mehr Buren getötet worden sein, als es in der Burennation insgesamt gebe, sprang Arthur Balfour laut Protokoll auf und rief: »Schuft!« Nur sehr wenige Menschen sind vor derartigen Ausrutschern gefeit. Der Schwarze, der von einer weißen Frau verächtlich behandelt wird, der Engländer, der hört, wie ein Amerikaner in ignoranter Weise England kritisiert, der katholische Apologet, der an die spanische Armada erinnert wird – sie alle werden auf die gleiche Art reagieren. Trifft man den Nerv des Nationalismus, kann der intellektuelle Anstand flöten gehen, die Vergangenheit wird geklittert und die offenkundigsten Tatsachen werden geleugnet.

Hegt man irgendwo im eigenen Kopf eine nationalistische Bindung oder nationalistischen Hass, werden bestimmte Fakten, von denen man eigentlich weiß, dass sie stimmen, nicht zugelassen. Ich will nur ein paar Beispiele nennen. Im Folgenden liste ich fünf Typen von Nationalisten auf und füge jeweils eine Tatsache hinzu, die dieser Typus nicht einmal in seinen geheimsten Gedanken akzeptieren kann:

Britischer Tory: Großbritannien wird aus diesem Krieg mit weniger Macht und geringerem Prestige hervorgehen.

Kommunist: Hätte Russland nicht Unterstützung durch Großbritannien und Amerika bekommen, wäre es von Deutschland besiegt worden.

Irischer Nationalist: Irland kann nur dank britischen Schutzes unabhängig bleiben.

Trotzkist: Das Stalin-Regime wird von der breiten Masse der russischen Bevölkerung akzeptiert.

Pazifist: Wer der Gewalt »abschwört«, kann das nur tun, weil andere seinetwegen Gewalt anwenden.

All diese Fakten sind im Großen und Ganzen evident, wenn keine eigenen Emotionen im Spiel sind; aber für die genannten Personen sind sie jeweils auch *unerträglich,* und deshalb müssen sie geleugnet und zum Zwecke der Leugnung falsche Theorien konstruiert werden. Ich komme noch einmal zurück auf das erstaunliche Versagen der militärischen Prognosen im gegenwärtigen Krieg. Ich glaube, man darf mit Fug und Recht davon sprechen, dass die Intelligenzia mit Blick auf den Fortgang des Krieges deutlicher danebenlag als die gemeine Bevölkerung und dass sie stärker von parteiischen Empfindungen beeinflusst war. So glaubte beispielsweise der durchschnittliche Linksintellektuelle, dass der Krieg 1940 vorbei wäre, dass die Deutschen 1942 kurz davorgestanden hätten, Ägypten zu überrennen, dass die Japaner niemals aus den von ihnen eroberten Gebieten vertrieben würden und dass die anglo-amerikanische Bombenoffensive auf Deutschland keinerlei Eindruck machen würde. Er konnte diese Dinge glauben, weil es ihm sein Hass auf die herrschende Klasse Großbritannien verbot, sich einzugestehen, dass die britischen Pläne Erfolg haben könnten. Es gibt keine Grenze für die Verrücktheiten, die man schluckt, wenn man unter dem Einfluss derartiger Gefühle steht. Ich habe beispielweise gehört, wie jemand voller Überzeugung behauptete, die amerikanischen Truppen seien nicht nach Europa verlegt worden, um gegen Deutschland zu kämpfen, sondern um eine englische Revolution niederzuschlagen. Man muss der Intelligenzia angehören, um solche Dinge zu glauben: Kein normaler Mensch könnte so dämlich sein. Als Hitler in Russland einmarschierte, gaben die Beamten im Informationsministerium »als Hintergrund« eine Warnung heraus, wonach Russland wahrscheinlich innerhalb von sechs Wochen zusammenbrechen werde. Andererseits betrachteten die Kommunisten jede Phase des Krieges als russischen Sieg, selbst als die Russen fast bis zum Kaspischen Meer zurückgedrängt wurden und mehrere Millionen ihrer Soldaten in Gefangenschaft geraten waren. Wir müssen hier nicht noch mehr Beispiele nennen. Entscheidend ist: Sobald Angst, Hass, Eifersucht und Machtverehrung im Spiel sind, ist der Realitätssinn außer Kraft gesetzt. Und wie ich bereits erwähnt habe, ist auch das Gefühl für Richtig und Falsch, für Gut und Böse gestört. Es gibt absolut kein Verbrechen, das sich nicht entschuldigen lässt, wenn »unsere« Seite es begeht. Selbst wenn man nicht leugnet, dass das Verbrechen geschehen ist, selbst wenn man weiß, dass es sich um genau das gleiche Verbrechen handelt, das man in einem anderen Fall verurteilt hat, selbst wenn man in intellektueller Hinsicht zugibt, dass es keine Rechtfertigung für dieses Verbrechen gibt – selbst dann hat man möglicherweise das *Gefühl* dafür verloren, dass es Unrecht ist. Es geht um Loyalität, und deshalb zählen Mitgefühl und Bedauern nicht mehr.

Warum der Nationalismus einen solchen Aufstieg erlebt und sich dermaßen ausbreitet, ist eine viel zu große Frage, als dass sie an dieser Stelle geklärt werden könnte. Nur so viel: Bei den Formen, in denen er sich unter englischen Intellektuellen zeigt, handelt es sich um eine verzerrte Widerspiegelung der fürchterlichen Schlachten, die gerade in der Welt toben, und die schlimmsten Tollheiten wurden durch den Zusammenbruch von Patriotismus und religiösem Glauben ermöglicht. Folgt man diesem Gedankengang, läuft man Gefahr, in einer bestimmten Form von Konservatismus oder im politischen Quietismus zu landen. So lässt sich beispielsweise begründet behaupten – vermutlich stimmt es sogar –, dass der Patriotismus einen Impfschutz gegen den Nationalismus darstellt, dass die Monarchie vor der Diktatur bewahrt und dass organisierte Religion vor Aberglauben schützt. Man kann aber auch behaupten, dass *keine* unvoreingenommene Perspektive möglich ist, dass *alle* Überzeugungen und Anliegen die gleichen Lügen, Torheiten und Barbareien beinhalten. Und das wird oftmals als Grund angeführt, sich ganz aus der Politik herauszuhalten. Dieses Argument kann ich nicht akzeptieren, und sei es nur deshalb, weil sich in der modernen Welt niemand, der als Intellektueller gelten kann, in dem Sinne aus der Politik heraushalten *kann*, dass er sich nicht weiter darum schert. Ich glaube, man muss sich – in einem weiten Sinne des Wortes – politisch betätigen und man muss Präferenzen haben: Das heißt, man muss anerkennen, dass manche Anliegen objektiv besser sind als andere, auch wenn sie mit gleichermaßen üblen Mitteln verfolgt werden. Was die nationalistischen Liebes- und Hassgefühle angeht, von denen ich gesprochen habe, so gehören sie bei den meisten von uns zur Grundausstattung, ob wir wollen oder nicht. Ob man sie loswerden kann, weiß ich nicht, aber ich glaube, dass es möglich ist, sie zu bekämpfen, und dass das in erster Linie eine *moralische* Anstrengung ist. Es geht zuallererst darum herauszufinden, wer man wirklich ist, welche Gefühle man wirklich hegt, und dann die unvermeidliche Voreingenommenheit im Kopf zu behalten. Wer Russland hasst und fürchtet, wer auf den Reichtum und die Macht Amerikas eifersüchtig ist, wer Juden verachtet, wer sich gegenüber der herrschenden Klasse in Großbritannien minderwertig fühlt, der kann diese Gefühle nicht einfach loswerden, indem er seinen Verstand einschaltet. Aber man kann zumindest anerkennen, dass man diese Gefühle hat, und verhindern, dass sie die eigenen Denkprozesse kontaminieren. Der Gefühlsdrang, der unvermeidlich und für das politische Handeln vielleicht sogar nötig ist, sollte mit einer Anerkennung der Realität einhergehen. Das aber, ich wiederhole es noch einmal, bedarf einer *moralischen* Anstrengung, und die gegenwärtige englische Literatur, sofern sie sich den wichtigen Fragen unserer Zeit überhaupt stellt, zeigt, wie wenige von uns bereit sind, diese Anstrengung zu unternehmen.

Anhang

NACHWORT

Armin Nassehi
Der unbedingte Wille zur Macht.
Über die Unheilbarkeit des Nationalismus

George Orwells Generalthema war der Totalitarismus und das Verhältnis von Individualität und Kollektiven. Seine berühmtesten Werke, die dystopischen Bücher ›Animal Farm‹ von 1945 und ›1984‹ aus dem Jahre 1949, haben totalitäre Herrschaft im Blick, insbesondere die Unterdrückung des Individuums durch autoritäre Strukturen und die Herrschaft einer antidemokratischen Struktur über die Gesellschaft. Die historischen Erfahrungen liegen auf der Hand – geschrieben unter dem Eindruck von Nationalsozialismus und Faschismus auf der einen Seite und des Sowjetkommunismus auf der anderen. Insbesondere ›Animal Farm‹ kann als eine Satire darauf gelesen werden, dass selbst eine Revolution gegen die Unterdrücker am Ende wieder in die Gewaltherrschaft einer kleinen Clique münden kann. Für den Sozialisten Orwell bedeutete dies vor allem eine Auseinandersetzung mit dem sowjetischen System, dessen revolutionäres Streben nach Aufhebung von Klassengegensätzen ganz neue Klassenformen erschaffen hat – es gab welche, die gleicher waren als die anderen. Was Orwell vor allem beschäftigte, war nicht nur die Verselbständigung solcher Unterdrückungssysteme, sondern auch ihre Attraktivität besonders für Intellektuelle. Dies ist auch ein zentrales Motiv von ›Über Nationalismus‹, veröffentlicht 1945 – im Erscheinungsjahr von ›Animal Farm‹ – unter dem Titel ›Notes on Nationalism‹ in dem britischen Magazin für Philosophie, Psychologie und Ästhetik *Polemic.*

Es lohnt sich, den Text ›Über Nationalismus‹ mit einem kleinen Essay zu konfrontieren, der ein knappes Jahrzehnt zuvor erschienen ist, nämlich 1936 in dem Literaturmagazin *New Writing:* ›Shooting an Elephant‹ (dt.: ›Einen Elefanten erschießen‹). Orwell berichtet hier von einer Szene, die er in Burma zur Zeit der britischen Kolonisierung Indiens spielen lässt. Orwell war selbst von 1922 bis 1927 Offizier der britischen *Imperial Police* in Burma, damals eine Provinz von Britisch-Indien. In dem Essay erhält der Ich-Erzähler, ein britisch-kolonialer Polizeioffizier wie Orwell selbst, eine Meldung über einen außer Kontrolle geratenen Elefanten. Er wird aufgerufen, sich das Problem anzusehen, zögert, hält die Berichte für womöglich erfunden, muss aber als Polizeioffizier trotz seiner Zweifel einschreiten. Für den Offizier ist dies von Anfang an ein unangenehmer Auftrag, zumal die Szene zu einer Zeit spielt, in der sich die Kolonialmacht offener Feindschaft der Burmesen gegenübersieht. Nach kurzer Suche trifft der Offizier aber tatsächlich auf ein Opfer des Elefanten, einen Mann, der von dem Tier zu

Tode getrampelt wurde. Er lässt sich von einem Diener ein Elefantengewehr bringen und findet das Tier schließlich friedlich am Rande eines Reisfeldes, wo es keine Gefahr mehr darzustellen scheint. Offensichtlich ist das Tier in der »Musth«, einer Art Pubertät, was bisweilen mit aggressiven Phasen einhergeht.

Ein zahmer Arbeitselefant stellt einen hohen Wert dar, und der Offizier zögert, ob das Tier zu töten sei. Aber die halb feindlichen, halb fordernden Erwartungen der umstehenden Burmesen zwingen ihn dazu, auch gegen den eigenen Willen Tatkraft und Entschlossenheit zu zeigen, sodass er versucht, den Elefanten zu töten, was ihm nicht auf den ersten Versuch gelingt. Nach mehrfachen Schüssen stirbt das Tier sehr langsam.

Dem Offizier widerstrebt es, das Tier zu erschießen, aber er hat unter dem Druck der Erwartungshaltung der Umstehenden keine andere Wahl. Er muss in der Situation die Handlungsfähigkeit der Kolonialmacht demonstrieren. Orwell schreibt: »Die Menge erwartete es von mir, mir blieb gar keine andere Wahl. Ich fühlte den Willen der Zweitausend, der mich dazu antrieb, förmlich unwiderstehlich.«[*] Letztlich kehrt sich dadurch die Machtsituation um. Der Offizier ist kein Individuum mehr, sondern das Exemplar einer Gattung, und als solches kann er nicht anders, als zu tun, was zu tun ist. »Ein Sahib hat die Pflicht, wie ein Sahib

[*]   George Orwell: ›Einen Elefanten erschießen‹. In: ›Im Innern des Wals‹: Erzählungen und Essays. Aus dem Englischen von Felix Gasbarra. Diogenes 1975, S. 30.

zu handeln. Er muß entschlossen erscheinen, er muß wissen, was er will, und dementsprechend vorgehen.«[*] Er muss klare Entscheidungskriterien simulieren, auch wenn er sie nicht hat.

Rechtlich hat der Offizier korrekt gehandelt, aber unter den Briten wird sein Verhalten unterschiedlich bewertet: Die Älteren geben ihm recht, doch die Jüngeren finden es nicht angemessen, einen Elefanten zu erschießen, weil er einen Inder getötet hat – sei der Elefant doch viel mehr wert als solch ein »Kuli«[**], also ein unterprivilegierter Einwanderer, selbst wenn der zu Tode komme. Die Geschichte endet damit, dass Orwell den Protagonisten sagen lässt: »Ich habe mich oft gewundert, daß keiner den eigentlichen Grund erriet, warum ich es getan hatte – nämlich aus Angst, mich lächerlich zu machen.«[***]

Der koloniale Polizeioffizier George Orwell kehrte 1927 nach einem Heimaturlaub nicht wieder nach Indien zurück – offenbar als unmittelbare Reaktion auf seine Erfahrungen – und arbeitete fortan als Schriftsteller. Das Thema der Deformation des Individuums durch Kollektivansprüche setzt sich fort in seinem Werk. Wenn sich der Polizeioffizier in ›Einen Elefanten erschießen‹ letztlich dazu entschließt, einen Elefanten zu töten, ist das nicht einfach eine Entscheidung darüber, ob diese Tötung notwendig ist. Es geht

---

[*] Orwell, Einen Elefanten erschießen, S. 31.
[**] Orwell, Einen Elefanten erschießen, S. 34.
[***] Orwell, Einen Elefanten erschießen, S. 34.

nicht um die Abwägung zwischen Alternativen oder darum, ob es legitim oder legitimiert ist, was er da tun soll. Der entscheidende Sinn seiner Handlung ist es, das Empire als Empire zu verteidigen. Von ihm, dem Sahib, dem Repräsentanten der Kolonialmacht, wird verlangt, dass er sich kolonial verhält. In dieser Situation verdoppelt sich gewissermaßen sein Konflikt. Es geht nämlich nicht nur darum, sich nicht »lächerlich zu machen«, persönlich unsicher, unbehaglich, widersprüchlich und unentschieden. Es geht vor allem darum, ob das britische Empire, *the ruler of the waves*, an einem pubertierenden Elefanten scheitert. Die Stärke des britischen Empires versetzt den britischen Kolonialoffizier in eine Position der Schwäche. Er fühlt sich wie ein Getriebener, muss das aber mit Stärke kompensieren, einer Stärke, die sich den Erwartungen der »›Eingeborenen‹«[*], wie sie im Text auch in Anführungszeichen geführt werden, unterwerfen muss, um stark zu sein.

Exakt diese Wechselwirkung von Stärke und Schwäche ist es, die Orwell in ›Über Nationalismus‹ zum Charakteristikum einer nationalistischen Position macht. Der Nationalismus, schreibt Orwell, »ist untrennbar mit dem Streben nach Macht verbunden« (George Orwell, ›Über Nationalismus‹, S. 8), also damit, Stärke zu demonstrieren. Der Nationalist ist für Orwell »im Bewusstsein, einer Sache zu dienen, die größer ist als er

[*] Orwell, Einen Elefanten erschießen, S. 32.

selbst – unerschütterlich sicher, im Recht zu sein.«
(S. 10) Das geforderte Selbstbewusstsein des Nationalisten, der der Offizier schon als Repräsentant der Kolonialmacht sein muss, setzt sich praktisch gegen die
Befindlichkeit des Protagonisten durch. Er dient einer
Sache, die größer ist als er selbst, und muss wenigstens
so tun, als sei er sich unerschütterlich sicher, im Recht
zu sein.

Orwell beschreibt den Nationalismus als eine Form,
die eine Unbedingtheit an den Tag legt, die keine Alternativen kennt. Seine begriffliche Differenzierung von
Patriotismus und *Nationalismus* trägt dem Rechnung.
Der Patriot sei jemand, der zwar seiner eigenen Lebensweise verpflichtet sei, sie aber nicht absolut setze
und »von Natur aus defensiv« (S. 8) sei, »militärisch
wie kulturell« (S. 8). Der Patriot will keine Macht über
andere; für den Nationalisten ist sie konstitutiv. Der
unbedingte Geltungsanspruch des Nationalisten stellt
sich nicht an der Realität scharf, sondern nur an der
eigenen Steigerungslogik. Orwell argumentiert, dass
Nationalismus sich letztlich stets steigern muss – ein
bisschen Nationalismus scheint er auszuschließen.
Deshalb orientiert der Nationalismus sich an den eigenen Behauptungen, Sätzen, Geltungsbedingungen. Der
Nationalismus ist so selbstbezogen, dass er gegen Auf-
klärung resistent ist. Man kann einem Nationalisten
alles ausreden, nur den Nationalismus nicht. Wenn der
Nationalist aber das Besondere des Eigenen betont,
führt das schon aus logischen Gründen dazu, dass das

nicht universal gelten kann, denn die anderen, gegen die er sich wendet und über die er Macht ausüben will, sind eben auch besonders. Deshalb muss der Nationalist das Eigene mit einer Erhabenheit versehen, die sich bis ins Lächerliche steigern kann. Das Grundcharakteristikum des Eigenen besteht dann insbesondere darin, dass es das Eigene ist – das ist eine tautologische Figur; sie erklärt ihr Argument durch nichts als sich selbst. Dieser mangelnde Realitätssinn *kann* nur durch übertriebene Betonung der eigenen Erhabenheit kompensiert werden. Orwell sagt deutlich, dass die Einheiten, mit denen sich der Nationalist identifiziert, »nicht einmal wirklich existieren« (S. 9) müssen. Man mag ergänzen: Sie entstehen erst durch die Steigerungslogik des eigenen Machtanspruchs.

Orwell weist folgerichtig dem Nationalismus drei Hauptmerkmale zu: *Obsession, Instabilität* und *Gleichgültigkeit gegenüber der Realität* (S. 15 ff.). Obsessiv verfolgt der Nationalismus die Idee der Überlegenheit und Erhabenheit des Eigenen, muss das aber mit einer gewissen Instabilität erkaufen, weil die einzige Realitätsgarantie ja die selbsterzeugte Obsession ist. Das dritte Merkmal, die Gleichgültigkeit gegenüber der Realität, ist dann eine logische Folge des Nationalismus, die sich auch daran erkennen lässt, dass man sich das Eigene in starken Erzählungen, gerne Ursprungsmythen über die Entstehung der eigenen *Nation* und ihre Herkunft plausibel machen kann. »Jeder Nationalist ist getrieben von der Überzeugung, dass sich die Vergangenheit ändern lässt.« (S. 22) Es ist kein Zufall, dass der gegenwärtige Nationalismus in Deutschland so sehr an Geschichtsrevisionismus interessiert ist. Wenn Rechtspopulisten heute fordern, man müsse die Bewältigung der NS-Vergangenheit und die Formen des Gedenkens überdenken, ist das exakt der Versuch, die Vergangenheit zu ändern, um sich in bestem Lichte darstellen zu können. Orwell hat diese These übrigens im Jahre des Sieges der West-Alliierten und der Sowjetunion über den Nationalsozialismus publiziert.

Am Beispiel des Antisemitismus als einer Form des »negativen Nationalismus«, also der Ablehnung eines Kollektivs, wird Orwells Denkbewegung besonders sichtbar. Er beschreibt, wohlgemerkt im Jahre 1945, dass Antisemitisches angesichts der Verbrechen der Nazis kaum mehr sagbar sei, verschwunden sei der Antisemitismus deswegen aber nicht. »In Wirklichkeit ist der Antisemitismus weit verbreitet, selbst unter Intellektuellen, und das allgemeine Schweigekomplott scheint ihn nur noch zu verschärfen.« (S. 33) Dass Antisemiten den moralischen Druck angesichts der Nazi-Barbarei als »Schweigekomplott« erfahren, ist beides: Ausdruck ihrer Schwäche, aber eben auch ein Beweis dafür, wie prinzipiell unbelehrbar und unaufklärbar der Nationalist ist. Leider ist das eine sehr aktuelle Diagnose: Mit der historischen Distanz werden antisemitische Stereotype und Ressentiments wieder stärker und verdecken die Schwäche derer, die vom Antisemitismus besessen sind.

Die Diagnose von Orwell trifft wohl den entscheiden-
den Punkt: Der Nationalismus ist eine selbsttragende
Form und deshalb im Kern unsicher. Vielleicht kann
man Orwells Argument so auf den Punkt bringen: Der
Nationalist ist im Kern schwach. Er fühlt sich zurück-
gesetzt, ihm wird von den Feinden Unrecht angetan,
er kennt nur »Kategorien konkurrierenden Prestiges«
(S. 9), »sein Denken kreist stets um Siege und Niederlagen, Triumphe und Demütigungen« (S. 9) – die einzige Kategorie ist die Selbstbezogenheit. Auch die
Niederlage kann den Nationalisten nicht an der Überlegenheit des Eigenen zweifeln lassen – von anderen
gedemütigt zu werden oder wenigstens das Gefühl der
Demütigung zu erleben, erzeugt erst recht Loyalität.
Deshalb ist der Nationalismus im Orwell'schen Sinne
aufklärungsresistent und auch moralisch nicht zu treffen. Noch die schlimmsten Verbrechen und Grausam-
keiten sind für den Nationalisten irrelevant, wenn es
um das Bekenntnis zum Eigenen geht. »Es geht um
Loyalität, und deshalb zählen Mitgefühl und Bedauern
nicht mehr.« (S. 40)

Orwells Begriff des Nationalismus enthält eine Beson-
derheit, die den vorliegenden Text tatsächlich zu einem
sehr aktuellen und diagnosefähigen Instrument macht.
Orwell begrenzt Nationalismus nicht auf politische
Nationen, also nicht auf einen britischen, deutschen,
russischen oder französischen Nationalismus, sondern
bezieht ihn auch auf Religionen/Konfessionen, politische Ideologien, eine Klasse (Proletariat), die »weiße

Rasse« (S. 9). Von Nationalismus spricht Orwell in allen Fällen, in denen sich ein Kollektiv imaginiert, das relativ deutliche Zugehörigkeitskriterien formuliert. Seine historischen Beispiele bestätigen dies – seine beispielhaften fünf Typen vom britischen Tory bis zum Pazifisten sind exakt so gebaut, dass hier klare Innen-Außen-Dichotomien entstehen. Man ist exklusiv Mitglied oder Anhänger entweder der einen oder der anderen Gruppe. Das schließt so etwas wie eine wechselseitige Verständigung aus. Die diagnostische Potenz dieses weiten Verständnisses von Nationalismus ist insofern besonders aktuell, als sich öffentliche Konflikte derzeit stark an solchen Dichotomien orientieren, die die Urteilskraft wechselseitiger Kompromisse immer stärker vermissen lassen. Man denke beispielsweise an die US-amerikanische Tea Party oder auch an den europäischen Rechtspopulismus oder aber die hitziger werdenden Debatten um den Klimawandel.

Öffentliche Debatten neigen immer mehr dazu, zu polarisieren und geradezu kulturkämpferisch maximal unterschiedliche Orientierungen zu imaginieren. Man sollte hier nicht nur an rechtspopulistische oder zum Konservativen und zur Heiligung der eigenen Tradition neigende konfessionelle Bewegungen denken, sondern etwa auch an militante Formen des Klimaprotests, der bisweilen eschatologische Formen annimmt und in Endzeiterwartungen zu einer Selbststeigerung neigt, die mit Argumenten nicht mehr erreichbar ist. Vielleicht nehmen sogar kulturkämpferische Debatten zwischen eher urbanen linksliberalen Milieus und den eher verunsicherten traditionellen Milieus »nationalistische« Dimensionen im Sinne Orwells an.

Wohlgemerkt: Dies ist noch keine Diagnose, aber mit Orwells Verständnis lassen sich gerade erhitzte Debatten in exakt diesem Sinne beschreiben. Noch bevor es die technischen Voraussetzungen für »Shitstorms« im Internet gab, schreibt Orwell: »Es muss nur ein bestimmter Ton getroffen oder an einen sensiblen Punkt gerührt werden – einen Punkt vielleicht sogar, von dessen Existenz man selbst bislang nichts wusste –, und die unvoreingenommenste und sanftmütigste Person verwandelt sich mit einem Mal in einen brutalen Parteigänger, der unbedingt gegenüber seinem Widersacher ›punkten‹ will und dem es egal ist, wie viele Lügen er erzählt und wie vielen logischen Irrtümern er dabei aufsitzt.« (S. 36 f.)

Orwell beschreibt hier eine Situation der Unversöhnlichkeit, der Nicht-Erreichbarkeit von Antipoden für Argumente, gewissermaßen für das Fehlen von Grauschattierungen in einer Welt schwarz-weißer Eindeutigkeiten. Als Lösung freilich hat er nur eine Art epistemologischer Selbstkritik anzubieten, also die Aufforderung zur Selbstreflexion und dazu, sich der eigenen Grenzen bewusst zu werden: Überwinden ließen sich diese Torheiten nur, wenn man zu der »*moralische[n]* Anstrengung« (S. 41) bereit sei, die »unvermeidliche Voreingenommenheit« (S. 41) wenigstens zu erkennen, die unseren Blick bisweilen trübt. Orwell löst nicht alles in einer großen universalistischen Lösung aller Probleme auf, weil er genau um die Schwäche der Menschen weiß, sich von der Präferenz für das Eigene nicht wirklich befreien zu können. Er plädiert gewissermaßen für eine »patriotische« Strategie statt für einen exklusiven Nationalismus. Und er überträgt dies auch auf Fälle, die sich nicht auf Länder oder Nationen beziehen, sondern generell auf den eigenen Beobachterstandpunkt. Es ist gewissermaßen die Aufforderung zur intellektuellen Anstrengung einer ehrlichen Selbstkritik, die die Bedingungen der eigenen Unparteilichkeit mit in den Blick nimmt – wobei Orwell der Letzte wäre, der hier denjenigen vertrauen würde, die man Intellektuelle nennt.

Gerade Intellektuellen sagt er nach, besonders empfänglich für Nationalismen zu sein, was nur auf den ersten Blick kontraintuitiv erscheint. Der Nationalismus ist für ihn ja nicht einfach ein Bekenntnis zum konkreten Eigenen. Der Nationalismus ist eine Übersteigerung des Eigenen, eine narrative Anstrengung. Der Nationalismus muss herbeigeschrieben werden, er ist auf literarische Kapazitäten angewiesen, er muss (schriftliche) Welten erfinden, gewissermaßen scholastisch gegen die Realität protestieren: Er ist ein Gedankengebäude. Orwell verleitet zu der Diagnose: Der Nationalismus ist der Praxis des haltlosen Intellektuellen sehr nah, weswegen eine haltsuchende, eine realistische, eine selbstkritische intellektuelle Anstrengung zur Überwindung des Nationalismus eine doppelt intellektuelle Aufgabe ist: Sie muss die Verführbarkeit des Intellektuellen zur Erfindung allzu konsistenter Geschichten über das Eigene überwinden und zugleich für die Selbstaufklärung der eigenen Perspektive sorgen. Der Nationalismus jedenfalls ist für Orwell nicht aufklärbar, nicht heilbar, weil er zur Hermetik neigt – er kann allenfalls in intellektueller Selbstkritik aufgebrochen werden. Dass der andere recht haben könnte – dieses Eingeständnis ist schon der Anfang der Überwindung solcher Selbstimmunisierung, wie sie dem Nationalismus eigen ist. Es könnte jene Macht entfalten, den unbedingten Willen zur Macht zu überwinden.

Orwells Text kann als historisches Dokument gelesen werden – 1945 publiziert, im Jahr der vielleicht wichtigsten Zäsur des 20. Jahrhunderts. Er kann aber auch als ein sehr aktueller Text gelesen werden, weil er ein subtiles Verständnis der Unbedingtheiten kulturkämpferischer Auseinandersetzungen anbietet, das die derzeitige Erfahrung der Unversöhnlichkeit aufs Korn nehmen kann. In diesem Sinne ist Orwell ein radikaler Demokrat, wenn man unter Demokratie jenen politischen Mechanismus versteht, in dem sich nicht einfach die Mehrheit durchsetzt, sondern in dem es gelingt, auch das Oppositionelle, das Abweichende, die Gegenthese institutionell einzufangen, und in der der Unterlegene nicht herausfällt, sondern legitim und legal integriert ist. Der Sozialismus, den sich der sich als Sozialist beschreibende Orwell vorstellt, wäre ein demokratischer Sozialismus in dem Sinne, dass jeglicher Zentralismus und jegliche Unbedingtheit zu vermeiden wäre.

Und zum Schluss: Was hätte der Brite Orwell wohl zum Brexit gesagt? Orwell hat schon 1947 einen Essay mit dem Titel ›Toward European Unity‹ in der *Partisan Review* publiziert[*]. Er argumentiert darin unter dem Eindruck der europäischen Katastrophe des Zweiten Weltkriegs, dass die europäische Einigung der Nationalstaaten eine notwendige Maßnahme gegen die Chauvinismen, Nationalismen und Egoismen des alten Europas sei. Nun hätte Orwell wahrscheinlich nicht in Frage gestellt, dass auch der Austritt aus der Europäischen Union ein durchaus legitimes Interesse sein könnte. Was ihn aber in seiner Diagnose des Nationalismus bestärkt hätte, wäre wohl, dass der Brexit vor allem ein Elitenprojekt gewesen ist, eines, das zumindest für konservative oder konservativ-revolutionäre Intellektuelle attraktiv schien und das sich um Fakten, um Wirklichkeitssinn, nicht geschert hat. Es war und ist ganz im Sinne von Orwells Kategorien, obsessiv, instabil und realitätsfern – zumindest in der Form, wie es vorgetragen und verteidigt wird. Ein deutlicherer Hinweis auf die Aktualität dieses Textes des Briten George Orwell wird sich wohl kaum finden lassen.

[*] Vgl. George Orwell: ›Towards European Unity‹. In: *Partisan Review* 14, 4, Juli–August 1947, S. 346–351.

ANMERKUNGEN

1 Nationen und selbst vagere Gebilde wie die katholische Kirche oder das Proletariat werden gern als Individuen betrachtet. Offenkundig absurde Bemerkungen wie »Deutschland ist von Natur aus heimtückisch« finden sich in so gut wie jeder Zeitung, die man aufschlägt, und so gut wie jeder äußert gewagte Verallgemeinerungen über den Nationalcharakter (»Der Spanier ist von Haus aus Aristokrat« oder »Jeder Engländer ist ein Heuchler«). Zeitweise werden solcherart Generalisierungen als unbegründet erachtet, doch die Gewohnheit, sie vorzunehmen, besteht fort, und selbst Menschen mit erklärtermaßen internationaler Einstellung wie Tolstoi oder Bernard Shaw machen sich ihrer schuldig.

2 Ein paar Autoren mit konservativer Ausrichtung wie Peter Drucker haben ein Abkommen zwischen Deutschland und Russland vorhergesagt, aber sie gingen von einem echten Bündnis oder einem Zusammenschluss aus, der von Dauer sein würde. Von den marxistischen oder linken Autoren sah kein einziger, welcher Couleur auch immer, den Pakt auch nur annähernd voraus.

3 Die militärischen Beobachter der Boulevardpresse lassen sich überwiegend als pro-russisch oder anti-russisch, pro-konservativ oder anti-konservativ kategorisieren. Selbst Irrtümer wie der Glaube, die Maginot-Linie sei unüberwindlich, oder die Prophezeiung, Russland werde Deutschland binnen drei Monaten erobern, konnten ihrer Reputation nichts anhaben, weil sie immer nur das sagten, was ihr jeweiliges Publikum hören wollte. Die beiden liebsten Militärkritiker der Intelligenzia sind Hauptmann Liddell Hart und Generalmajor Fuller: Ersterer lehrt, Verteidigung sei besser als Angriff, während Letzterer der Überzeugung ist, Angriff sei besser als Verteidigung. Dieser Widerspruch hat nicht verhindert, dass beide beim gleichen Publikum als Autoritäten Anerkennung fanden. Der heimliche Grund, warum beide in linken Kreisen *en vogue* sind, ist der, dass sie mit dem War Office über Kreuz liegen.

4 Einige Amerikaner haben ihre Unzufriedenheit darüber bekundet, dass »Anglo-American« die gängige Kombinationsform dieser beiden Wörter ist. Sie sollte, so ihr Vorschlag, durch »Americo-British« ersetzt werden.

5   Der *News Chronicle* empfahl seinen Lesern, sich die Filmberichte im Kino anzuschauen, auf denen die gesamte Hinrichtung inklusive Nahaufnahmen zu sehen sei. Der *Star* veröffentlichte in offenkundig zustimmender Absicht Fotos von fast nackten Kollaborateurinnen, die von einem Mob durch die Straßen von Paris gehetzt wurden.

6   Ein Beispiel ist der russisch-deutsche Pakt, der so schnell wie möglich aus der öffentlichen Erinnerung getilgt wird. Ein russischer Korrespondent teilte mir mit, dass die Erwähnung des Paktes bereits aus russischen Jahrbüchern, die jüngste politische Ereignisse verzeichnen, gestrichen wird.

7   Ein gutes Beispiel ist der Sonnenstich-Aberglaube. Bis vor Kurzem war man der Überzeugung, weiße Rassen seien anfälliger für einen Sonnenstich als farbige und ein Weißer könne sich ohne Tropenhelm nicht guten Gewissens der tropischen Sonne aussetzen. Für diese Theorie gab es keinerlei Belege, doch sie diente dazu, den Unterschied zwischen »Eingeborenen« und Europäern zu akzentuieren. Während des gegenwärtigen Krieges wurde diese Theorie stillschweigend fallen gelassen und ganze Armeen sind nun in den Tropen ohne entsprechende Kopfbedeckung unterwegs. Solange der Sonnenstich-Aberglaube bestand, scheinen englische Ärzte in Indien im Übrigen genauso fest davon überzeugt gewesen zu sein wie medizinische Laien.

ANMERKUNGEN DES ÜBERSETZERS

11 *ein Ereignis wie den russisch-deutschen Pakt von 1939:* Gemeint ist der deutsch-sowjetische Nicht-angriffspakt, besser bekannt als Hitler-Stalin-Pakt, der am 24. August 1939 in Moskau von den Außenministern der beiden Staaten unterzeichnet wurde.

12 *der gute alte britische Jingoismus:* die britische Variante eines chauvinistischen Hurra-Patriotismus.

13 *»Groß ist die Diana der Epheser«:* siehe Apostelgeschichte 19,39 sowie das gleichnamige Gedicht von Goethe.

14 *»The Charge of the Light Brigade«:* ein Gedicht von Alfred Lord Tennyson aus dem Jahr 1854 über die Schlacht von Balaklawa im Krimkrieg im gleichen Jahr.

14 *Little Englander:* ein Gegner der expansiven britischen Weltreichspolitik.

17 *Lowland Scots:* die Gruppe der im schottischen Tiefland gesprochenen Dialekte des Englischen.

21 *Star Chamber:* ein englischer Gerichtshof, der von König Eduard III. eingerichtet wurde und bis Mitte des 17. Jahrhunderts bestand.

29 *Glauben an die angeborene Überlegenheit der farbigen Rassen:* George Orwell verwendet durchgängig die Begriffe »coloured races« und

»Negro«, also Begrifflichkeiten, die eng mit Imperialismus, Kolonialismus und Rassentheorien verknüpft sind. Um den historischen Kontext kenntlich zu machen, wurde durchgängig mit »farbige Rassen« bzw. »Schwarze« übersetzt – in dem Wissen und mit der Anmerkung, dass dieser Gebrauch heutigen Standards nicht-diskriminierender Sprache nicht entspricht.

31 *Peace Pledge Union:* seit 1934 bestehende britische Nichtregierungsorganisation, die sich der pazifistischen Sache verschrieben hat.

31 *Blackshirts:* »Schwarzhemden«, Mitglieder der faschistischen Partei British Union of Fascists.

32 *in Bezug auf el-Alamein:* Sieg der Alliierten in der zweiten Schlacht von el-Alamein, 23. Oktober bis 4. November 1942, der die Wende auf dem afrikanischen Kriegsschauplatz bedeutete.

INHALT

›Über Nationalismus‹ wurde im Mai 1945 verfasst
und im Oktober desselben Jahres unter dem Titel
›Notes on Nationalism‹ veröffentlicht in:
Polemic [No 1 October 1945]; S. J.; E. Y. E.; C. E.

Der Text ist enthalten in: ›The Collected Essays,
Journalism and Letters of George Orwell‹
(Volume 3: ›As I please‹), erschienen 1968
bei Secker & Warburg, London.

**Ausführliche Informationen über
unsere Autoren und Bücher
www.dtv.de**

Deutsche Erstausgabe
2. Auflage 2020
© the Estate of the late Sonia Brownell Orwell
© der deutschsprachigen Ausgabe:
2020 dtv Verlagsgesellschaft mbH & Co. KG, München
Umschlaggestaltung: dtv
Gesetzt aus der Stempel Garamond
Satz: Gaby Michel, Hamburg
Druck und Bindung: Druckerei C.H.Beck, Nördlingen
Printed in Germany · ISBN 978-3-423-14737-8